英語で学び、考える 今日は何の日
around the world

世界のトピック 1月 2月 3月

この本を手にしてくれたみなさんへ

みなさんは,「今日はなんの日かな？」と思うことがありますか？ ふだんはあまり気に留めることがないかもしれませんが, 1年のどの日も, 世界中の人々が生きてきた過去の歴史が刻まれた記念日です。この本では, そうした記念日を,「平和」「人権」「環境」「異文化理解」の4つの観点で選び, トピックとして取り上げています。トピックから見えてくる課題について, 考えたり, 友達や家族と話し合ったりして, 自分にできることを探してみましょう。それは小さなことかもしれませんが, きっと世界をよりよく変えていくことにつながるでしょう。

　世界には数多くの言語があります。どれも同じように学ぶ意義がありますが, みなさんが, 世界のさまざまな国の人々とともに, 同じ課題に向かって行動するときには, 英語がとても大きな助けになります。この本に取り上げたトピックについて考えながら, 楽しく英語を学んでください。みなさんにとって英語を学ぶことが, 自分を成長させるだけでなく, 世界を知り, 世界を変えていく第一歩になることを願い, この本をつくりました。今日はなんの日かを知ることで, みなさんの世界へのとびらが大きく開かれますように。

町田淳子

光村教育図書

Contents 目次

英語の音の示し方 ……………………… 3
How to Use この本の使い方 ……… 4
Vocabulary for Calendars カレンダーの言葉 …… 6

January 1月 …… 8

1st 1日
New Year's Day …………… 10
元日 異文化理解

4th 4日
World Braille Day ………… 12
世界点字デー 人権

The 3rd Monday 第3月曜日
Martin Luther King Jr. Day …… 14
マーティン・ルーサー・キング・ジュニア・デー 人権

February 2月 …… 16

2nd 2日
World Wetlands Day ……… 18
世界湿地の日 環境

5th-10th 5日〜10日
Carnival in Rio de Janeiro ………… 20
リオのカーニバル 異文化理解

13th 13日
World Radio Day ………… 22
世界ラジオデー 平和

21st 21日
International Mother Language Day …… 24
国際母語デー 人権

March 3月 …… 26

8th 8日
International Women's Day …… 28
国際女性の日 人権

20th 20日
International Day of Happiness …………… 30
国際幸福デー 平和

21st 21日
International Day of Forests ……………… 32
国際森林デー 環境

21st 21日
World Poetry Day ………… 34
世界詩デー 異文化理解

22nd 22日
World Water Day ………… 36
世界水の日 環境

My Calendar 自分だけのカレンダーを作ろう！ …… 38
Let's think！の答え ………………………… 40
Take Action 行動できる地球市民になろう ……… 41
Teaching Guide この本を指導にお使いになる方へ …… 42
Word List 言葉の一覧 ……………………… 46

英語の音の示し方

外国語を学習するときには，正しい音声を知ることがとても大切です。そこでこの本では，英語の上に読み方の手がかりとなる片仮名を示しています。太い文字は，強く読むところです。日本語にない音は，平仮名で表したり，軽く音を出すところは小さい文字で表したりして，できるだけ英語の音に近い読み方になるように工夫して示しています。

太い文字について

強く読むところを太い文字で示しています。

[例]　スタンプ　stamp　　　イッツ ハ～ド トゥ ヒア　It's hard to hear.（強く読むところ）

日本語にない音や特に注意が必要な音について

th

舌先を歯で軽くはさむようにして息だけを出す音を，平仮名の「さ・す・せ・そ」で示しています。
[例]　サンク ユー　thank you　　テンす　tenth

同じようにして声を出す音を，平仮名の「ざ・ず・ぜ・ぞ」で示しています。
[例]　ずィス　this　　ざ　the

fとv

下くちびるの内側に軽く上の歯をのせ，すき間から息だけを出す音を，平仮名の「ふ」で示しています。
[例]　ふぁミリ　family　　ふぁイア　fire

同じようにして声を出す音を，片仮名の「ヴ」で示しています。
[例]　ハヴ　have　　ムーヴィ　movie

lとr

上の歯ぐきに舌先をおし当てて出すラ行の音を，平仮名の「ら・り・る・れ・ろ」で示しています。
[例]　レッツ　Let's

口を「ウ」の形にしてから舌をどこにもふれずに言うラ行の音を，片仮名の「ラ・リ・ル・レ・ロ」で示しています。
[例]　ゥレッド　red
※ 特に，語の始めに来るときは，「ゥラ・ゥリ…」と示しています。

ds
日本語のツをにごらせて出す音を，「ヅ」で示しています。
[例]　ワ～ヅ　words　　ふレンヅ　friends

のばす音を表す「～」について

舌を後ろに巻きこむようにしながらのばす音を，「～」で示しています。
[例]　バ～すデイ　birthday　　ワ～るド　world

小さい「ッ」や「ャ・ュ・ョ」以外の小さい文字について

最後に「ア・イ・ウ・エ・オ」の音が聞こえないように出す音を，小さい文字で示しています。
[例]　ペット　pet　　ブック　book

「ン」の音のあとに，舌先で上あごをさわって軽く出す「ヌ」の音を，小さい「ヌ」で示しています。
[例]　キャンヌ　can　　マウンテンヌ　mountain

英語は，世界の各地でさまざまに使われていますが，この本では主に，アメリカで使われている英語を参考に発音を示しています。

How to Use
この本の使い方

この本では、「平和」「人権」「環境」「異文化理解」の4つの観点から、1月、2月、3月の世界の記念日や、世界で起こった歴史的な出来事などを取り上げて紹介します。

本書は、大きく「トピックページ」と「ピックアップページ」の2種類のページで構成されています。ピックアップページでは、国際デーを中心に取り上げています。

トピックページ

その月の世界の記念日や歴史的な出来事などのトピックを、まとめて一覧にしたページです。それぞれのトピックを英語と日本語の両方で確認できます。

全ての英語に、英語の音に近い読み方を示しています。（英語の音の示し方→3ページ）

トピックは、「平和」「人権」「環境」「異文化理解」の4つの分野に分け、分野ごとに色を変えて示しています。

英語以外の言語での月のよび方です。国連の公用語や、日本に関わりの深いいくつかの言語をのせています。
※アラビア語は右から左に書きますが、読み方は日本語にしたがって左から右に示しています。

年によって日付がかわる記念日です。

★は、国連の定めた「国際デー」または「国際週間」です。

黄色にぬってあるところは、ピックアップページで取り上げているトピックです。ページ番号をフキダシで示しています。

その月の季節や行事に関係する事がらを、日本語と英語で紹介しています。

日本の法律で定められている、その月の「国民の祝日」です。

- ●特定の国のトピックには、その国名を示しています。
- ●この本では、国名は『最新基本地図−世界・日本−（40訂版）』（帝国書院）を参考に、子どもたちになじみのある名称を用いています。
- ●地図と国旗の情報は、2016年9月1日現在のものです。
- ●記念日の日付や名称、名称の日本語訳は、さまざまな文献にあたって特定してきましたが、諸説あるものも多く、他の書籍やウェブサイトの情報と異なる場合があります。

この本のガイドたち

ペンギンさん
Hello!
英語が得意なので、英語であいづちを打ったり、英語での回答例を教えてくれたりします。

シロクマさん
こんにちは！
解説やアドバイスをしてくれたり、おまけの情報などを教えてくれたりします。

ピックアップページ

1つのトピックを取り上げて解説したページです。いくつかの活動を通じて、関係する英語表現を学びながらトピックに対する理解を深めることができます。

- **日付**
- **記念日や出来事の名称**
- **どんな日？** この日ができた背景やこの日にこめられた人々の思いなどを解説しています。
- **Let's think!** トピックに関連して、簡単な英語を使ったクイズや問いかけをのせています。答えを考えることで、トピックについての理解が深まります。

- **Words & Expressions** 下の問いかけの答えとなるような、テーマに関する英語の言葉や表現を紹介しています。言葉や表現は、答えとしてより自然と思われる形で示しています。
- **Let's act it out!** 簡単な英語を使った、物作りや発表などの活動を紹介します。
- **More to know** トピックについて、より理解を深めるためのコラムです。

国際連合と国際デー

国際連合は、略して「国連」とよばれます。世界中の国々が協力して平和を築くために、第二次世界大戦の反省から生まれた国際組織です。世界の平和と安全を守り、また、経済や社会において世界中の国々が協力するようにうながす活動を行っています。

国連が、世界のさまざまな問題の解決に向けて、世界中で協力しようとよびかけ、その取り組みをうながすために制定した記念日が「国際デー」です。

Vocabulary for Calendars
カレンダーの言葉

Let's learn some words and expressions for calendars.
カレンダーで使う言葉や表現を学習しましょう。

● 年の言い方

What year is it?
何年ですか？

It's 2016.
2016年です。

year 年

（2016年なら）It's 2016.
（1938年なら）It's 1938.

読み方は, twenty sixteen

読み方は, nineteen thirty-eight

● 月の言い方

What month is it?
何月ですか？

It's January.
1月です。

month 月

January	1月	July	7月
February	2月	August	8月
March	3月	September	9月
April	4月	October	10月
May	5月	November	11月
June	6月	December	12月

● 曜日の言い方

What day is it?
何曜日ですか？

It's Sunday.
日曜日です。

day 曜日

Sunday	日曜日	Thursday	木曜日
Monday	月曜日	Friday	金曜日
Tuesday	火曜日	Saturday	土曜日
Wednesday	水曜日		

● 日付の言い方

date
日

What is the date today?
今日は何月何日ですか？

日付をきかれたときは、It'sのあとに、「月」「日」「年」の順番に答えるよ。日本語と、順序がちがうね。

It's January 6th, 2017.
2017年1月6日です。

It's October 24th, 2017.
月　日　年

誕生日をきくときは
When is your birthday?
あなたの誕生日はいつですか？ と言うよ。

week 週

Sunday	Monday	Tuesday	Wednesday	Thursday	Friday	Saturday
first **1**st	second **2**nd	third **3**rd	fourth **4**th	fifth **5**th	sixth **6**th	seventh **7**th
eighth **8**th	ninth **9**th	tenth **10**th	eleventh **11**th	twelfth **12**th	thirteenth **13**th	fourteenth **14**th
fifteenth **15**th	sixteenth **16**th	seventeenth **17**th	eighteenth **18**th	nineteenth **19**th	twentieth **20**th	twenty-first **21**st
twenty-second **22**nd	twenty-third **23**rd	twenty-fourth **24**th	twenty-fifth **25**th	twenty-sixth **26**th	twenty-seventh **27**th	twenty-eighth **28**th
twenty-ninth **29**th	thirtieth **30**th	thirty-first **31**st				

holiday 休日
anniversary 記念日
consecutive holidays 連休

週末は weekend,
夏休みは summer vacation,
冬休みは winter vacation,
国民の祝日は national holiday,
うるう年は leap year と言うよ。

※ここでは、主にアメリカで使われる言い方を示しています。イギリスなどでは、一般的に「日」「月」「年」の順に言います。

January 1月

いろいろな言語で
- 一月 （イーユエ）中国語
- janvier （ジャンヴィエ）フランス語
- янва́рь （インヴァーリ）ロシア語
- enero （エネロ）スペイン語

1
New Year's Day
元日 （10ページ 異文化理解）

Independence Day (Sudan/ Slovakia/ Haiti)
独立記念日（スーダン／スロバキア／ハイチ）

2
Birth of Isaac Asimov (1920)
アイザック・アシモフ誕生

多くのSF作品を書いた，アメリカの作家だよ。

3
Anniversary of the 1966 Coup d'État (Burkina Faso)
人民蜂起の日（ブルキナファソ）

1966年，労働組合のストライキをきっかけに軍部がクーデターを起こし，政権が交代したんだ。

7
Christmas Day for Russian Orthodox Church (Russia)
ロシア正教クリスマス（ロシア）

Victory Over Genocide Regime (Cambodia)
虐殺政権からの解放の日（カンボジア）

8
Birth of Elvis Presley (1935)
エルビス・プレスリー誕生

「ロックンロールの王様」といわれている，アメリカのミュージシャンだよ。

9
Martyrs' Day (Panama)
運河返還運動犠牲者の日（パナマ）

1964年，アメリカと，その管理下にあり，運河の返還を求めていたパナマとの間で争いが起き，複数の犠牲者が出たんだ。

13
Silvesterklausen (Switzerland)
シルベスタークロイゼ（スイス）

スイスの一部で，グレゴリオ暦の大みそか（12月31日）とユリウス暦の大みそかにあたるこの日に行う年こしの行事。

14
Birth of Albert Schweitzer (1875)
シュバイツァー誕生

フランスの医者で，神学者，哲学者でもあった人だよ。アフリカの医療活動に従事したんだ。

15
John Chilembwe Day (Malawi)
ジョン・チレンブウェーデー（マラウイ）

マラウイの独立運動を率いたジョン・チレンブウェーを記念する日だよ。

16
Heroes' Day (Democratic Republic of the Congo, 16th–17th)
英雄追悼記念日（コンゴ民主共和国）

コンゴの独立に尽力したルムンバと，独裁政権からの解放を果たしたし，カビラを追悼する日だよ。

20
Barack Obama is sworn in as President of the United States. (United States of America, 2009)
バラク・オバマ，アメリカ大統領就任。（アメリカ）

アメリカ史上初の黒人の大統領が誕生したよ。

21
National Hugging Day (United States of America)
ハグの日（アメリカ）

22
Plurinational State Day (Bolivia)
多民族国設立記念日（ボリビア）

2006年に，ボリビアで初めて先住民出身のモラレスが大統領に就任した日だよ。

23
Birth of Yukawa Hideki (1907)
湯川秀樹誕生

1949年に，日本人で初めてノーベル賞を受賞した物理学者だよ。

27
International Holocaust Remembrance Day
ホロコースト犠牲者を想起する国際デー ★

Birth of Lewis Carroll (1832)
ルイス・キャロル誕生

ホロコーストとは，第二次世界大戦中に起こった，ナチスドイツによるユダヤ人虐殺のことだよ。

『不思議の国のアリス』を書いたイギリスの作家だよ。

28
Data Privacy Day
データプライバシーデー

個人の情報などデータの保護についての意識を高め，議論をうながす日だよ。

29
Definitive End of Nuclear Weapons Testing (France, 1996)
核実験無期限中止（フランス）

文字の色を 平和，人権，環境，異文化理解 の4つの分野に分けています。 ★のマークは国連の定める国際デー，国際週間です。

ينايْر	일월	janeiro	มกราคม	tháng một
ヤナーイル アラビア語	イルウォル 朝鮮語	ジャネイロ ポルトガル語	モッガラーコム タイ語	タン モッ ベトナム語

年によって日付のかわる記念日

第3月曜日
Martin Luther King Jr. Day (United States of America)
マーティン・ルーサー・キング・ジュニア・デー（アメリカ）
人権 14ページ

最終日曜日
World Leprosy Day
世界ハンセン病デー

最終火曜日
Up Helly Aa (United Kingdom)
ウップヘリーアー（イギリス）
イギリス北部の島で行われる火祭りだよ。昔この地にやって来た北欧の人々（バイキング）のふん装をして、たいまつをかかげながら町を練り歩くんだ。

4
World Braille Day
世界点字デー
人権 12ページ

5
National Bird Day (United States of America)
ナショナル・バード・デー（アメリカ）
鳥の違法な取り引きや、ペットの鳥について考える日だよ。

6
Children's Day (Uruguay)
子どもの日（ウルグアイ）

10
Traditional Religions Day (Benin)
伝統宗教の日（ベナン）
アフリカのベナンのブードゥーという宗教の祝日だよ。

11
Independence Manifesto Day (Morocco)
独立宣言記念日（モロッコ）

12
Death of Agatha Christie (1976)
アガサ・クリスティ没
イギリスの女性推理小説家。『オリエント急行の殺人』などが有名だよ。

17
The Great Hanshin-Awaji Earthquake (Japan, 1995)
阪神・淡路大震災（日本）

18
Birth of A. A. Milne (1882)
A. A. ミルン誕生
『クマのプーさん』を書いたイギリスの作家だよ。

19
Birth of Paul Cezanne (1839)
ポール・セザンヌ誕生
「近代絵画の父」とよばれる、フランスの画家だよ。

24
The Gold Rush begins. (United States of America, 1848)
ゴールドラッシュ始まる。（アメリカ）
カリフォルニアで金鉱が発見され、世界中から金を求めて人が集まったんだ。

25
The first Winter Olympics are held. (1924)
第1回冬季オリンピック開催。

26
International Customs Day
国際税関記念日
1953年のこの日に、関税について話し合う世界税関機構の第1回総会が開催されたよ。

30
Gandhi is assassinated. (India, 1948)
ガンディーが暗殺される。（インド）
ガンディーは、非暴力・不服従運動によって、インドをイギリスから独立に導いた人だよ。

31
Independence Day (Nauru)
独立記念日（ナウル）
Birth of Franz Schubert (1797)
シューベルト誕生
オーストリアの作曲家だよ。「歌曲の王」とよばれているんだ。

🔴 日本の季節行事

7日 七草がゆ
Seven-herb Rice Porridge
セリ、ナズナ、ゴギョウ、ハコベラ、ホトケノザ、スズナ、スズシロという7種類の草花を入れたおかゆを食べます。その年の健康をいのると同時に、正月のごちそうでつかれた胃をいたわります。

日本の祝日
元日（1日）
成人の日（第2月曜日）

January 1st
1月1日

New Year's Day
元日

どんな日？

1月1日，「新年，おめでとうございます。」というあいさつで，新しい1年が始まります。みなさんは，どのようにお正月をお祝いしていますか。世界には，それぞれの歴史や文化の中で生まれ，伝えられてきた，さまざまな新年の祝い方があります。また，使われている暦によって，新年をむかえる時期が異なる国や地域もあります。

そのようなちがいをこえて，どの国や地域の人たちにも共通するのは，**前の年を見送り，新しい年が平和で豊かなものになるようにといのる気持ち**です。

Words & Expressions

New Year's decorations — 正月かざり

the first sunrise — 初日の出

New Year's card — 年賀状

traditional New Year dishes — おせち料理

rice cake — もち

Japanese cards — カルタ

battledore — 羽根つき

New Year's visit to a shrine — 初もうで

Can you collect the words about New Year's Day in Japan?
日本のお正月に関する言葉を集められるかな？

English Activity

Let's think!

異文化理解 Cross-Cultural Understanding

How do they celebrate the New Year?

（他の国では）どうやってお正月を祝うのかな？

ア) In (①), they celebrate it with a concert.
　① では，お正月をコンサートで祝います。

イ) In (②), they celebrate it with a parade.
　② では，お正月をパレードで祝います。

ウ) In the (③), they celebrate it with fireworks.
　③ では，お正月を花火で祝います。

ア)～ウ) はどの国のことかな？ヒントを見て，①～③に当てはまる国名を言ってみよう。

ヒント

Bahamas バハマ

United Arab Emirates アラブ首長国連邦

Austria オーストリア

More to know

New Year's Days in Different Calendars 他の暦のお正月

Spring Festival 春節

▲中国

旧暦で祝う，中国や台湾などのお正月です。竜や獅子のまいやパレードが行われ，悪いものを追いはらうため，たくさんの爆竹を鳴らします。

Songkran ソンクラーン

▲タイ

ソンクラーンは，4月に行われるタイのお正月です。もともとは仏像などに水をかけていたものが，今では町の人たちが水をかけ合う祭りとなっています。

★Let's think! の答え→ 40ページ

January 4th
1月4日

世界点字デー

World Braille Day

どんな日？

点字は、目の不自由な人が指でさわって読む文字です。現在、世界で広く使われているのは、フランスのルイ・ブライユという人が考案した、6つの点を使った点字です。この方法は、さまざまな言語に応用でき、この点字の誕生によって、目の不自由な人たちも文字を速く読んだり、伝えたいことを文字で表したりすることができるようになりました。

その業績をたたえ、また点字の普及を図るため、2000年の世界盲人連合（World Blind Union）の総会で、ブライユの誕生日であるこの日が「世界点字デー」と制定されました。

Words & Expressions

- **wet** しめり気
- **temperature** 温度
- **roughness** でこぼこ
- **texture** 手ざわり
- **size** 大きさ
- **material** 材質
- **shape** 形
- **letters** 文字
- **length** 長さ
- **vibration** 振動

What can you feel through touch?
さわることで、どんなことがわかるかな？

人権 Human Rights

Let's think!

What does this Braille mean?
点字でなんと書いてあるんだろう？

下の点字の表を見て、①〜③の点字で書かれているものを答えてね。

①

②

③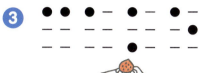

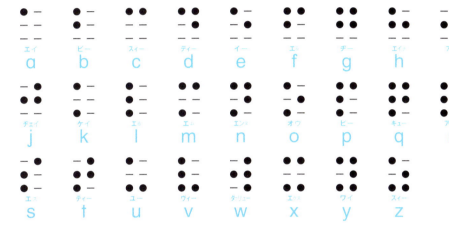

Let's act it out!

Let's write our names in Braille.
点字で名前を書いてみよう！

上の表を見ながら、自分の名前を英語の点字で書いてみよう。

ぼくの名前はYamatoだよ。点字にするとどうなるかな？

できた！ 名前の最初は大文字にしたよ。

★Let's think! の答え→40ページ

January The 3rd Monday
1月第3曜日

Martin Luther King Jr. Day
マ～ティンヌ　るーさ　キング　ヂューニア　デイ

> マーティン・ルーサー・キング・ジュニア・デー

どんな日？

1960年代の半ばまで，アメリカでは，黒人に白人と同じだけの権利があたえられていませんでした。そのことに対し，抗議の運動を行ったのがマーティン・ルーサー・キング・ジュニア牧師です。キング牧師の暴力を使わない抗議運動は，人種をこえて共感をよび，

1963年のデモには，20万人以上が集まりました。そして翌年の1964年，ついに全てのアメリカ人に平等な権利を保証することが議会で可決されました。
キング牧師の功績と，平等と非暴力の精神をたたえようと，この日が定められました。

Words & Expressions
ワーッ アンド イクスプレションヌ

- **hair color** ヘア カら — かみの毛の色
- **eye color** アイ カら — 目の色
- **skin color** スキンヌ カら — はだの色
- **face** フェイス — 顔
- **posture** ポスチャ — 姿勢
- **facial expression** フェイシャる イクスプレッションヌ — 表情
- **clothes** クろウズ — 衣服
- **height** ハイト — 身長
- **age** エイヂ — 年齢
- **sex** セックス — 性別

What makes people look different?
ワット　メイクス　ピープる　るック　ディふアレント
何が人々を，ちがうように見せているだろう？

人権 Human Rights

English Activity

Let's think!

What do we do in common?
みんなが同じようにすることって、なんだろう？

一人ひとりはちがって見えるけれど、人間が同じようにしていることがあるよ。この他にもどんなことがあるか、考えてみよう。

We talk. 私たちは話します。
We dream. 私たちは夢をえがきます。
We laugh. 私たちは笑います。
We all do these things. みんなこういうことをしているよ。
We cry. 私たちは泣きます。
We eat. 私たちは食事をします。
We think. 私たちは考えます。
We love. 私たちは愛します。

More to know

I have a dream. 私には夢がある。

1963年8月、デモに参加した20万人以上の群衆の前で、キング牧師は"I have a dream.（私には夢があります。）"という言葉をくり返すスピーチをしました。この有名なスピーチを通じて、キング牧師は、全ての人々に自由と平等があたえられることをうったえたのです。

I have a dream that my four little children will one day live in a nation where they will not be judged by the color of their skin but by the content of their character. I have a dream today.

私には夢があります。私の幼い4人の子どもたちが、いつの日か、皮膚の色ではなく人がらで判断される国で暮らすようになる、という夢が。今日、この日、私には夢があります。

（出典：『アメリカを動かした演説 リンカーンからオバマまで』玉川大学出版部）

February 2月

| いろいろな言語で | 二月 中国語 | février フランス語 | февраль ロシア語 | febrero スペイン語 |

1
World Hijab Day
世界ヒジャブ・デー

ヒジャブという布を頭に巻く、イスラム教徒の女性の風習を知ってもらう日だよ。

2
World Wetlands Day 世界湿地の日 （18ページ 環境）

Groundhog Day (United States of America, Canada)
グラウンドホッグデー（アメリカ、カナダ）

グラウンドホッグという動物の冬眠から目覚めたときのしぐさで、春の訪れをうらなうんだ。

3
Martyrs' Day (São Tomé and Príncipe)
解放闘争犠牲者の日（サントメ・プリンシペ）

ポルトガルによる支配からの独立運動で、犠牲になった人をとむらう日だよ。

7
Independence Day (Grenada)
独立記念日（グレナダ）

8
Slovenian Culture Day (Slovenia)
スロベニア文化の日（スロベニア）

スロベニアの偉大な詩人といわれる、プレシェーレンのなくなった日だよ。

9
Death of Fyodor Dostoevsky (1881)
ドストエフスキー没

『罪と罰』を書いたロシアの作家だよ。

10
St. Paul Shipwreck (Malta)
聖パウロ難破船記念日（マルタ）

聖パウロはマルタの守護聖人。難破してマルタに上陸し、この地にキリスト教をもたらしたんだ。

13
World Radio Day 世界ラジオデー ★ （22ページ 平和）

London Declaration (2014)
ロンドン宣言

野生動物の世界的な密猟に対処するため、法律の整備などの緊急措置をとることを宣言したんだよ。

14
St. Valentine's Day
バレンタインデー

キリスト教の聖人バレンタインが殉教した日。恋人や友人どうしでプレゼントなどをおくり合うよ。

15
International Childhood Cancer Day
国際小児がんの日

19
Remembrance Day (United States of America)
強制収容を忘れない日（アメリカ）

太平洋戦争のとき、アメリカ政府によって強制収容された日系アメリカ人がそのことを語りつぐための日だよ。

20
World Day of Social Justice
世界社会正義の日 ★

貧困の撲滅と公平な社会の実現をよびかけるよ。

21
International Mother Language Day
国際母語デー ★ （24ページ 人権）

22
Birth of Frederic Chopin (1810)
ショパン誕生

多くのピアノ曲を作ったポーランドの作曲家だよ。

25
Independence Day (Kuwait)
独立記念日（クウェート）

26
Liberation Day (Kuwait)
解放記念日（クウェート）

25日は1961年にイギリスから独立したことを、26日は1991年に、侵攻してきたイラク軍が撤退したことを、それぞれ記念する日だよ。

27
Independence Day (Dominican Republic)
独立記念日（ドミニカ共和国）

International Polar Bear Day
国際ホッキョクグマの日

文字の色を 平和、人権、環境、異文化理解 の4つの分野に分けています。 ★のマークは国連の定める国際デー、国際週間です。

| فبراير
アラビア語 | 이월
朝鮮語 | fevereiro
ポルトガル語 |
タイ語 | tháng hai
ベトナム語 | 年によって
日付のかわる記念日 |

第1週
World Interfaith Harmony Week
世界異教徒間の調和週間 ★

第3月曜日
Presidents' Day (United States of America)
プレジデント・デー（アメリカ）
アメリカで、歴代大統領を祝う日だよ。

4
World Cancer Day
世界がんの日 ★

National Day (Sri Lanka)
独立記念日（スリランカ）

5
Carnival in Rio de Janeiro (Brazil, 5th-10th)
リオのカーニバル（ブラジル）

異文化理解 20ページ

6
Waitangi Day (New Zealand)
ワイタンギ・デー（ニュージーランド）
1840年にニュージーランドのワイタンギで、先住民であるマオリ族とイギリスが初めて条約を結んだ日だよ。

11
International Day of Women and Girls in Science
科学における女性と女児の国際デー ★

女性や女の子が、科学の分野にたずさわれるよう、よびかける日だよ。

Birth of Thomas Edison (1847)
エジソン誕生

アメリカの発明家だよ。蓄音機や白熱灯を発明したんだ。

12
The International Day Against the Use of Child Soldiers
子どもの兵士の使用に反対する国際デー

16
The Kyoto Protocol is enforced. (2005)
京都議定書発効。
京都で開かれた地球温暖化防止のための国際会議で採択された、二酸化炭素などの排出量を減らす条約が発効したよ。

17
Birth of Philipp Franz von Siebold (1796)
シーボルト誕生
ドイツの医者で、江戸時代に日本にわたり、日本のことを世界に広めたんだ。

18
Pluto is discovered. (1930)
冥王星発見。

日本の季節行事

立春の前日
節分
The Day Before the Beginning of Spring
立春の前日の夜に、「おには外、福は内」と言いながら豆をまいて、悪いものを追いはらいます。豆まきのあと、年齢の数だけ豆を食べると、1年間病気にかからないといわれています。
※豆まきの風習は、地域によってさまざまです。

23
Brunei National Day (Brunei)
独立記念日（ブルネイ）

24
The First "Mine Awareness Day" (Cambodia, 1995)
第1回「地雷を考える日」集会（カンボジア）
カンボジアで地雷をなくすための集会が開かれ、2,000人～3,000人がデモ行進をしたんだ。

Independence Day (Estonia)
独立記念日（エストニア）

28
Kalevala Day (Finland)
カレワラの日（フィンランド）
フィンランドの神話や歴史をうたった詩『カレワラ』が、初めて出版された日だよ。

29
Completion of Tokyo Skytree (Japan, 2012)
東京スカイツリー完成（日本）

2月29日は、4年に1回訪れる「うるう年」にだけある日だよ。

日本の祝日
建国記念の日（11日）

February 2nd
2月2日

世界湿地の日

World Wetlands Day

どんな日？

みなさんの近くに、湿地はありますか？湿地とは、淡水や海水でおおわれた低地のことです。湖や沼、水田などの他、サンゴ礁やマングローブの広がる水辺なども湿地の一つです。湿地はさまざまな生き物のすみかであると同時に、水をたくわえたりきれいにしたりするなどの重要な役割も果たしています。「世界湿地の日」は、1971年のこの日に湿地を守るためのラムサール条約（特に水鳥の生息地として国際的に重要な湿地に関する条約）が採択されたことを記念し、**湿地の大切さをよびかける**ために制定されました。

Words & Expressions

- **frog** カエル
- **dragonfly** トンボ
- **coral** サンゴ
- **alligator** ワニ
- **algae** モ
- **reed** アシ
- **fish** 魚
- **heron** サギ
- **turtle** カメ
- **beaver** ビーバー
- **wild duck** 野ガモ
- **mangrove** マングローブ

Who lives in the wetlands?
湿地には、どんな生き物がすんでいるだろう？

環境 / Environment

English Activity

Let's think!

Who eats what in the wetlands?

湿地では，だれが何を食べて生きているかな？

Alligators eat turtles and (①).

ワニは，カメと①を食べます。

Fish eat (②).

魚は②を食べます。

> 全ての生き物が，食べたり食べられたりする関係でつながっていることを，食物連鎖というよ。①②に入る生き物は何かな？イラストの中から選んでね。

English Activity

Let's act it out!

Let's draw a food web in the wetlands!

湿地の食物網の図をかこう！

Snakes eat frogs.
Frogs eat grasshoppers.

ヘビはカエルを食べます。
カエルはバッタを食べます。

> 食物連鎖は，実際はさまざまな生き物が網の目のようにつながっているので，食物網ともよばれているよ。水田や川辺など，湿地を1つ選んで，そこで見られる食物網を図にかいてみよう！

A FOOD WEB IN A RICE FIELD
田んぼの食物網

heron サギ / snake ヘビ / frog カエル / dragonfly トンボ / grasshopper バッタ / weasel イタチ / grass 草

> 食べられずに生き残った生き物は，死んだら土にもどって，草が育つ栄養になるね。

We are all connected.

みんなつながっているんだね。

★Let's think! の答え→40ページ

February 5th–10th
2月5日〜10日

Carnival in Rio de Janeiro
リオのカーニバル

どんな日？

世界には宗教や地域の習わしから生まれたさまざまな祭りがあります。ブラジルのリオデジャネイロで行われる「カーニバル」は，キリスト教の謝肉祭から生まれました。「謝肉」とは，「肉を断つ」という意味で，**断食に入る前に，仮装パレードなどをして楽しくおどり，冬の悪霊を追いはらい，春の豊作を祈願しよう**というものです。それがブラジルの文化と結びつき，世界中から数多くの人々が見物に訪れる盛大な祭りになりました。
宗教や風習が異なる他の地域でも，心おどるさまざまな祭りが行われています。

Words & Expressions

- **music** 音楽
- **feast** ごちそう
- **parade** パレード
- **dance** おどり
- **ceremony** 儀式
- **costume** 衣装
- **ornament** かざり
- **fireworks** 花火
- **festival float** 山車
- **drums and whistles** たいこと笛

What's in a festival?
祭りといえば，何がある？

※リオのカーニバルの日程は，年によって変わります。ここでは2016年の日程を紹介しています。

English Activity

異文化理解　Cross-Cultural Understanding

Let's think!

Which festival do you want to visit?

どの祭りを見に行ってみたい？

世界にはいろいろな祭りがあるね。リオのカーニバルをはじめ、世界の有名な祭りを3つ紹介するよ。どれに行ってみたいかな？

This is our festival in Brazil.

これは、ぼくたちブラジルの祭りだよ。

キリスト教の行事がブラジルの音楽やおどりと結びついたんだ。特にリオデジャネイロのパレードは、はなやかで有名だよ。

Carnival in Rio de Janeiro リオのカーニバル

This is our festival in India.

これは、私たちインドの祭りだよ。

善が悪に勝利したことを祝う祭りで、色つきの粉や色水を、みんなでかけ合うの。

Holi ホーリー

This is our festival in Mali.

これは、私たちマリの祭りなの。

ビーズや羽かざりのついた木ぼりの仮面をつけておどるよ。なくなった人の魂をとむらったり、収穫に感謝したりする祭りなんだ。

Dogon Masquerade ドゴン族の仮面祭り

I want to visit the Carnival!
カーニバルに行きたいな！

どの祭りにも、その土地の人々の思いや願いがこめられているんだね。

February 13th
2月13日

World Radio Day

世界ラジオデー

どんな日？

みなさんは，ふだんラジオを聞きますか？ラジオというと少し古く感じるかもしれません。しかしラジオは，電波の受信できる範囲なら電池があれば聞けるため，今でも世界中で，テレビや携帯電話，インターネットなどが使えない人々に，生活に欠かせない情報を届けています。また，大きな災害時には貴重な情報発信源となり，多くの命を救っています。

ユネスコは，1946年に国連ラジオ（UN Radio）が開始されたこの日を「世界ラジオデー」と定め，**ラジオの利点に注目し活用を推進しよう**とよびかけています。

Words & Expressions

- **educational program** 教育番組
- **traffic information** 交通情報
- **weather forecast** 天気予報
- **music** 音楽
- **speech** スピーチ
- **news** ニュース
- **talk show** トークショー
- **disaster information** 災害情報
- **advertisement** 広告

What do you hear on the radio?
ラジオから聞こえてくるものはなんだろう？

平和　Peace

English Activity — Let's think!

What radio program do they listen to?

みんなは、どんなラジオ番組を聞いているかな？

ラジオは世界中でいろいろな目的で使われているよ。みんながラジオで何を聞いているのか、22ページの言葉から選んで、ふせんに書いてはってみよう！

1　I listen to it for fun.
楽しむために聞いているよ。
music 音楽

2　I listen to it for learning.
勉強のために聞いているよ。
educational program 教育番組

3　I listen to it for information.
情報を得るために聞いているよ。
weather forecast 天気予報

news ニュース
speech

Where?
どこかな？

English Activity — Let's act it out!

Let's report local news!

地域のニュースを発信しよう！

ラジオパーソナリティーになりきって、情報を発信してみよう！　こんなふうに英語でも伝えられたらいいね。

You can learn Japanese at the community center.
コミュニティーセンターで日本語が学べます。

Today, we have a local festival.
今日、地元のお祭りがあります。

Next Sunday, we will have a fire drill.
今度の日曜日、消防訓練があります。

International Mother Language Day

2月21日 国際母語デー

どんな日？

生まれて最初に覚える言語を「母語」といいます。世界には数多くの言語があり、それぞれの言語に、それを母語とする人々とそれによって育まれてきた文化があります。

どの言語も尊重すべき大切な存在です。しかし、地球規模で経済が発展した現在、使う人の多い言語におされて、使う人が減少している言語がたくさんあります。

使う人がいなくなると、その言語と文化は消滅してしまいます。そのためユネスコは、**世界中の人々の母語を守っていこう**と1999年に「国際母語デー」を制定しました。

Words & Expressions

- read 読む
- write 書く
- speak 話す
- communicate 情報を伝え合う
- learn 学ぶ
- inform 知らせる
- understand 理解する
- think 考える
- express oneself 自己表現する
- listen 聞く

What can we do with language?
言語を使って何ができるだろう？

人権 Human Rights

English Activity

Let's think!

Do you know the situations of languages around the world?

世界の言語の状況を知ってる？

① 世界には約（　　）の言語がある。
② 1つの国の中で話される言語がいちばん多いのはパプアニューギニアで，（　　）くらいある。
③ 英語は世界で3番目に話す人が多く，約（　　）人に話されている。
④ 1人も話す人がいなくなってしまった言語が，約（　　）ある。
⑤ 話す人が高齢者だけになり，次の世代に直接伝えるのが難しい言語が（　　）以上ある。

| 840 | 3億 | 7000 | 900 | 220 |

出典：Ethnologue　https://www.ethnologue.com

世界にはたくさんの言語があるよ。どれくらいの言語が，どれくらいの人に話されているんだろう？下の □ から，（　）に当てはまる数字を選んで答えてね。

It's very sad.
（母語を使う人がいなくなったら）とても悲しいよね。

More to know

Endangered Languages
消滅の危機にある言語

話す人が減って，消滅してしまいそうな言語の例を，2つ見てみよう。どちらの言語も，守り伝えていこうという人々の取り組みによって支えられているよ。

アイヌ語

日本の東北から北海道，サハリン，千島列島にかけて暮らしていた，アイヌ民族の言語です。
19世紀，明治政府は北海道の開拓にあたり，アイヌの文化を否定し，日本への同化を強要しました。そのため，アイヌの伝統文化は急激に失われていきました。しかし1997年に「アイヌ文化振興法」ができると，アイヌの文化を伝える活動がさかんに行われるようになり，今では，アイヌ語やアイヌの文化を学べる場も増えてきています。

ハワイ語

ハワイ民族の言語です。
19世紀にハワイがアメリカに組み入れられ，公の場でハワイ語を使うことが禁止されると，話す人は急激に減りました。
しかしハワイ語は，1978年に公の場での使用が認められ，ハワイの伝統やハワイ語が学校の授業に取り入れられるようになりました。それにより，現在では，ハワイ語を母語とする人や，話したり理解したりできる人も増えてきています。

★Let's think! の答え→40ページ

March 3月

| いろいろな言語で | 三月 中国語 | mars フランス語 | март ロシア語 | marzo スペイン語 |

1
Independence Movement Day (Korea)
三・一節（韓国）

1919年に起きた、三・一独立運動（朝鮮民族の日本からの独立運動）を記念する日だよ。

Nuclear Victims and Survivors Remembrance Day (Marshall Islands)
核被害メモリアルデー（マーシャル諸島）

1954年にマーシャル諸島で行われた核実験の被害者と生存者への敬意を表す日なんだ。

2
Peasants Day (Myanmar)
農民の日（ミャンマー）

3
World Wildlife Day
世界野生生物の日 ★

7
Bloody Sunday (United States of America, 1965)
血の日曜日事件（アメリカ）

投票権を求めて行進していた黒人のデモ隊に対し、白人の警官が暴力をふるうという事件が起きたんだ。

8
International Women's Day
国際女性の日 ★
28ページ 人権

9
Birth of Yuri Gagarin (1934)
ガガーリン誕生

世界で初めて有人宇宙飛行を行ったロシアの宇宙飛行士だよ。

10
Tibetan Uprising (1959)
チベット民族蜂起

中国の支配下にあるチベットの人々が、暴動を起こしたよ。

14
Birth of Albert Einstein (1879)
アインシュタイン誕生

「相対性理論」で有名な、アメリカの物理学者だよ。

15
The Valencian Fallas Festival (Spain, 15th-19th)
サン・ホセの火祭り（スペイン）

16
Japan National Park Day (Japan)
国立公園指定記念日（日本）

1934年、自然の風景を保護し、利用をうながすために、瀬戸内海、雲仙、霧島が、国立公園に指定されたよ。

17
St. Patrick's Day (Ireland)
セント・パトリックス・デー（アイルランド）

アイルランドの守護聖人、セント・パトリックを祭る日だよ。

21
International Day of Forests
国際森林デー ★
32ページ 環境

World Poetry Day
世界詩デー ★
34ページ 異文化理解

22
International Day of Nowruz
国際ノウルーズ・デー ★

ノウルーズは、イラン暦の春分にあたる日で、この日を元日として祝う人々がいるよ。

World Water Day
世界水の日 ★
36ページ 環境

23
World Meteorological Day
世界気象の日 ★

26
Independence Day (Bangladesh)
独立記念日（バングラデシュ）

27
Day of Cherry Blossoms (Japan)
さくらの日（日本）

World Theatre Day
世界劇場の日

世界の舞台人に向けて舞台芸術への思いをこめたメッセージが発表され、世界各地でイベントが開かれるよ。

28
Partial nuclear meltdown occurs on Three Mile Island. (United States of America, 1979)

スリーマイル島の原子力発電所で、炉心が溶融する事故が発生。（アメリカ）

文字の色を 平和、人権、環境、異文化理解 の4つの分野に分けています。　★のマークは国連の定める国際デー、国際週間です。

مارس	삼월	março	มีนาคม	tháng ba
アラビア語	朝鮮語	ポルトガル語	タイ語	ベトナム語

年によって日付のかわる記念日

第1月曜日

Guam Discovery Day (United States of America)
グアム・ディスカバリー・デー（アメリカ）

> 1521年，マゼランによってグアム島が発見された日だよ。

Baron Bliss Day (Belize)
ブリス男爵の日（ベリーズ）

> 中米のベリーズに遺産を寄付したブリス男爵を記念して，さまざまな海のスポーツを行うよ。

第2木曜日

World Kidney Day
世界腎臓デー

4
The Ballet "Swan Lake" premieres. (Russia, 1877)
バレエ『白鳥の湖』初演。（ロシア）

> ロシアの作曲家チャイコフスキーが作った楽曲だよ。

5
Custom Chief's Day (Vanuatu)
カスタム・チーフの日（バヌアツ）
> バヌアツに暮らすさまざまな部族の伝統を守っていこうと，それぞれの部族をまとめる長をたたえる日だよ。

6
Independence Day (Ghana)
独立記念日（ガーナ）

11
The Great East Japan Earthquake (Japan, 2011)
東日本大震災（日本）

12
Arbor Day (China)
植樹の日（中国）
> 各地で木を植える活動を行うよ。活動を提唱した，中国の革命家 孫文がなくなった日にちなんでつくられたんだ。

13
Uranus is discovered. (1781)
天王星発見。

18
World Sleep Day
世界睡眠デー

Day of Braille for the Feet (Japan)
点字ブロックの日（日本）

19
Stockholm Appeal is adopted. (1950)
ストックホルムアピール採択。
> 原子力兵器の絶対禁止や，厳重な国際管理の確立などをうったえたものだよ。

20
International Day of Happiness ☆平和 30ページ
国際幸福デー

World Sparrow Day
世界スズメの日

24
World Tuberculosis Day ★
世界結核デー ★
> 1882年に，コッホが結核菌の発見を発表したことにちなんで制定されたよ。

25
International Day of Remembrance of the Victims of Slavery and the Transatlantic Slave Trade
奴隷および大西洋間奴隷貿易犠牲者追悼国際デー ★
> 奴隷として商人に買われ，アフリカから強制連行された人たちを追悼する日だよ。

29
Commemoration of the 1947 Rebellion (Madagascar)
建国運動犠牲者慰霊祭（マダガスカル）

30
Birth of Vincent van Gogh (1853)
ゴッホ誕生

> オランダの画家。『ひまわり』などの絵が有名だよ。

31
Cultural Day (Micronesia)
文化の日（ミクロネシア）
> ミクロネシアの文化や伝統を守っていこうと，つくられた日だよ。

日本の季節行事

3月 ひな祭り

Dolls' Festival

女の子の健やかな成長を祝い，これからの幸せを願う行事です。「桃の節句」ともよばれます。ひな人形をかざって，桃の花やひしもち，白酒などを供え，ごちそうを食べます。

日本の祝日

春分の日（21日ごろ）

March 8th
3月8日

International Women's Day
インタナショヌる ウィミンズ デイ

国際女性の日

どんな日？

女性が男性と同じ活動をすることは，今では当然のことと考えられています。しかし長い間，女性にはさまざまな場面で，男性と同じだけの権利が認められていませんでした。1904年3月8日に，アメリカで女性労働者が投票権など政治に参加する権利を求めてデモを起こすと，**女性の平等な社会参加を求める動き**が世界中に広がりました。
女性に関わる課題を解決することは，全ての人々の生活の向上にもつながります。1977年，国連はこの日を，女性の権利と世界の平和を目ざす「国際女性の日」に制定しました。

Words & Expressions

- **wife / husband** (ワイふ / ハズバンド) — 妻 / 夫
- **grandmother / grandfather** (グランドマざ / グランドふァーざ) — 祖母 / 祖父
- **sister / brother** (スィスタ / ブラざ) — 姉・妹 / 兄・弟
- **woman / man** (ウマンヌ / マンヌ) — 女性 / 男性
- **mother / father** (マざ / ふァーざ) — 母 / 父
- **aunt / uncle** (アント / アンクる) — おば / おじ
- **niece / nephew** (ニース / ネвューー) — めい / おい
- **girl / boy** (ガーる / ボイ) — 女の子 / 男の子
- **daughter / son** (ドータ / サンヌ) — むすめ / 息子

What words express "female" and "male"?
(ワット ワーヅ イクスプレス ふィーメイる アンド メイる)
「女性」と「男性」を表す言葉には，どんなものがあるかな？

人権 Human Rights

English Activity

Let's think!

What do you think ?
（このように変わってきた状況について）どう思う？

これまで女性には，男性と同じようにはできなかったことがあった。でも，じょじょに社会が変化してきて，できるようになってきたことがあるよ。

Now, we can vote.
今，私たちは投票できます。

Now, we can play soccer.
今，私たちはサッカーができます。

Now, we can go to school.
今，私たちは学校に行けます。

I'm sure they were sad.
（できなかったなんて）きっと悲しかったよね。
Glad to know that.
よかったね。

でもまだ，こういったことができない地域もあるし，変わっていってほしいことは他にもあるんだ。みんなは何か知ってる？ 女性の権利についてどう思うかな？

More to know

Seeking Gender Equality
男女の平等な権利を求めて

世界ではいまだに，教育を受けられない女性がたくさんいます。パキスタン人のマララ・ユスフザイさんは，女性の教育を受ける権利や働く権利をうったえたため，2012年，15才のときに銃撃され重傷を負いました。それでもおそれることなく，今でも女性と子どもの権利をうったえ続けています。

We call upon our sisters around the world to be brave; to embrace the strength within themselves and realise their full potential.
（出典：『［対訳］マララ・ユスフザイ 国連演説＆インタビュー集』朝日出版社）

私たちは世界中の姉妹に対し，勇気をもつように，自分の内なる強さを生かして自分の可能性を最大限に発揮するようによびかけます。

March 20th
3月20日

International Day of Happiness

国際幸福デー

どんな日?

世界には,貧困による苦しみ,戦争や暴力の恐怖,また気候変動の脅威といった問題にさらされている人がたくさんいます。そうした問題は,直面している人たちだけでは解決できません。「国際幸福デー」は,**人間にとっての「幸せ」を見直すとともに,世界中が協力して,調和に満ちた未来につながる社会の実現を目ざそうと**,国連が制定しました。

何を「幸せ」ととらえるかは,環境や考え方によってそれぞれ異なるかもしれませんが,この機会に,自分の幸せや他の人の幸せについて,考えてみましょう。

Words & Expressions

- **relieved** ほっとした
- **sad** 悲しい
- **satisfied** 満足した
- **glad** うれしい
- **angry** おこって
- **disappointed** がっかりした
- **happy** 幸せな
- **worried** 心配した
- **ashamed** はずかしい
- **encouraged** 勇気づけられた
- **thankful** 感謝して

What kind of feelings do we have?
私たちには,どんな感情があるかな?

平和　Peace

English Activity

Let's think!

What makes you happy?
何があなたを幸せにしてくれるかな？

何があったら幸せか、考えてみよう。

friends
友達

study
勉強

nature
自然

food
食べ物

Cool water makes me happy!
ぼくは、冷たい水があれば幸せだなあ！

warm bed
温かいベッド

somebody's smile
だれかの笑顔

English Activity

Let's act it out!

Let's make somebody happy!
だれかを幸せにしよう！

小さなことでいいから、何か1つ、だれかを喜ばせるようなことをしてみよう。

I help my family prepare dinner.
家族の夕食の準備を手伝います。

I greet people cheerfully.
元気よくあいさつをします。

I send a postcard to my grandmother.
おばあちゃんにはがきを送ります。

March 21st
3月21日

International Day of Forests

国際森林デー

どんな日？

森林は、生き物に不可欠な酸素を供給するだけでなく、人々の暮らしにさまざまな利益をもたらしてくれます。しかし、人間が森林の減少を加速させたことが、地球温暖化と気候変動を引き起こし、今、人間をふくむさまざまな生き物の暮らしをおびやかしています。

国連は、**人々が樹木に親しむことを通じて、国境をこえて交流を深め、人々の森林に対する意識が向上する**ことを目ざして、この日を「国際森林デー」に制定しました。私たちも森林について学び、森林を守るためにできることを考えていきましょう。

Words & Expressions

- **clean water** — きれいな水
- **mental health** — 精神面における健康
- **oxygen** — 酸素
- **wood for furniture** — 家具用の木材
- **pulp for paper** — 製紙用パルプ
- **jobs** — 仕事
- **temperature control** — 気温の調整
- **wildlife habitats** — 野生生物のすみか
- **fruits** — 果物
- **disaster reduction** — 防災

What are some benefits of trees?
木々から得られるものはなんだろう？

English Activity

Let's think!

What does the map show?
（下の）地図から，どんなことがわかるかな？

下の地図は，1990年から2015年の間の森林面積の変化を，1年あたりの平均で示したものだよ。

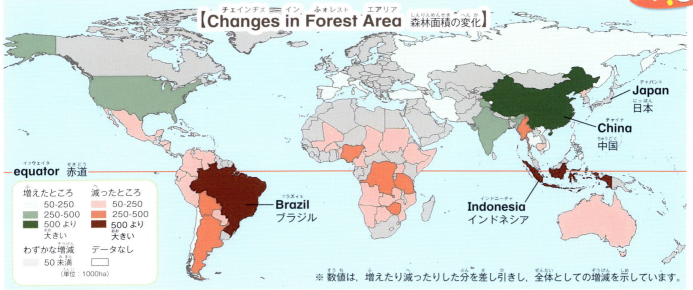

【Changes in Forest Area 森林面積の変化】

equator 赤道

増えたところ / 減ったところ
50-250 / 50-250
250-500 / 250-500
500より大きい / 500より大きい
わずかな増減 / データなし
50未満
（単位：1000ha）

※ 数値は，増えたり減ったりした分を差し引きし，全体としての増減を示しています。

FAO, 2015. Global Forest Resources Assessment. FAO. Rome. をもとに作成。

Some countries gain a lot!
すごく増えている国があるね！

Which countries?
どの国？

Brazil and Indonesia lose a lot!
ブラジルとインドネシアはすごく減っているよ！

Those countries are near the equator.
それらの国は，赤道の近くにあるね。

What about Japan?
日本はどう？

気づいたことを出し合って，どうしてそのような変化が起きているのか，森林の面積が変化するとどのようなことが起こるか，考えたり話し合ったりしてみよう。

環境 Environment

March 21st
3月21日

World Poetry Day
（ワ～るド　ポウエトリ　デイ）

世界詩デー

どんな日？

みなさんは，「詩」と聞くとどんなことを思いうかべますか？ 好きな詩はありますか？ 詩には，私たちを取り巻く自然や社会のあらゆる側面を切り取って自由に表現し，私たちの心にうったえかける力があります。ユネスコは詩を，人々の想像力と内面の豊かさを表すものととらえ，詩に親しみ，詩をつくることをうながすために「世界詩デー」を制定しました。

みなさんも，見落としてしまいそうな小さな虫から，遠い宇宙の果てまで，さまざまなものに思いをはせて，詩を書いてみませんか？

Words & Expressions

- **rhythmical**（ウリすミカる） リズミカルな
- **free**（ふリー） 自由な
- **short**（ショ～ト） 短い
- **creative**（クリエイティヴ） 創造的な
- **repetitive**（ウリペタティヴ） くり返しの
- **rhyming**（ウライミング） 韻をふんでいる
- **memorable**（メモラブる） 記憶に残る
- **deep**（ディープ） 深い
- **emotional**（イモウショヌる） 感情的な
- **impressive**（イムプレッスィヴ） 印象的な

What kind of words is a poem made of?
（ワット　カインダヴ　ワ～ツ　イズ　ア　ポウイム　メイド　アヴ）

詩は，どんな言葉でできているだろう？

異文化理解 Cross-Cultural Understanding

English Activity — Let's think!

Let's read aloud a poem!

（次の）詩を，声に出して読んでみよう！

19世紀のイギリスの詩人Christina Rossettiの書いた詩だよ。声に出して読んで、どのように感じたかを34ページの言葉を使って言ってみよう。

What are heavy?
重いものは？
What are brief?
短いものは？
What are frail?
はかないものは？
What are deep?
深いものは？

Sea sand and sorrow:
海の砂と悲しみ：
Today and tomorrow:
今日とあした：
Spring blossoms and youth:
春さく花と青春：
The ocean and truth.
海と真実。

Christina Georgina Rossetti (1872). *Sing-Song: A Nursery Rhyme Book*　訳：町田淳子
＊原典の表記を一部改めました。

Impressive words!
印象的な言葉だね。
I like them.
好きだなあ。

English Activity — Let's act it out!

Let's write a poem!

詩を書いてみよう！

Fun times and....
楽しい時間と……

My dog and....
ぼくの犬と……

What are heavy? ?
What are brief? ?
What are frail? ?
What are deep? ?

？に思いつく言葉を入れて，自分なりの詩をつくろう。どんな言葉を入れてもいいよ。自由に考えてね。

A forest and....
森と……

いろいろ思いついて迷っちゃうな。

Bubbles and....
シャボン玉と……

March 22nd
3月22日

World Water Day
世界水の日

どんな日？

みなさんは，当たり前のように水を使ってはいませんか？ 水は全ての命のもと。人間の営みも水なしにはありえません。

1992年にブラジルで開かれた「環境と開発に関する国連会議（地球サミット）」では，水資源を守る重要性がさけばれ，翌年3月22日が「世界水の日」と制定されました。

世界には，急激な気候変動による水不足に苦しむ地域もあれば，大雨による水害になやまされる地域もあり，水をめぐる課題はさまざまです。**水の恩恵を全ての人々が共有できるように，共に考え，行動していきましょう。**

Words & Expressions

- **wash dishes** — 食器を洗う
- **cook** — 料理する
- **water plants** — 植物に水をやる
- **flush the toilet** — トイレを流す
- **take a bath** — 風呂に入る
- **brush my teeth** — 歯をみがく
- **wash my face / hands** — 顔／手を洗う
- **clean** — そうじする
- **do the laundry** — 洗濯する
- **drink** — 飲む

How do you use water?
みんなは，どんなふうに水を使っているかな？

環境 / Environment

English Activity

Let's think!

What are their lives like?
かれらの暮らしはどんなだろう？

世界には、生活に必要な水が十分に得られない地域もたくさんあるんだ。そのためにどんなことが起こっているのか、子どもたちの声を聞いて考えよう。

They don't have enough clean water.
かれらには清潔な水が十分にありません。

水辺が干上がったり、作物が育たなかったりするんだ。だから、

I can't get food.
食べ物を手に入れることができません。

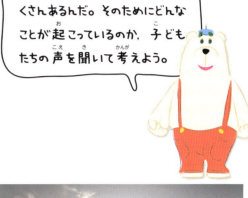

遠くまで水をくみに行かなくてはいけないの。だから、

I can't go to school.
学校へ行くことができません。

きれいでない水を飲んだり、料理に使ったりすることもあるよ。だから、

I can't stay healthy.
健康を保つことができません。

We must do something right now !
今すぐなんとかしなくちゃ！

こうした世界中の水の問題を改善しようと、ユニセフなどの国連の機関が、さまざまな活動をしているよ。みんなにも何かできることがあるかもしれない。調べてみよう。

My Calendar
自分だけのカレンダーを作ろう！

右のページをコピーして，自分だけのカレンダーを作ってみよう。自分の予定や出来事，この本を読んで興味をもった日のことなどを書きこむよ。こんな日があったらいいなと思う日を書いてもいいね。

yesterday 昨日
today 今日
tomorrow 明日

[記入例]

January

月と日付は自分で書き入れよう。

Sunday	Monday	Tuesday	Wednesday	Thursday	Friday	Saturday
	1 New Year's Day 初もうでに行く	2 ★彡 My Lucky Day! 流れ星を見たよ！	3	4 My Lucky Day!	5	6 My Lucky Day! 好きな人が夢に出てきた！♥
7	8	9 始業式	10	11	12	13
14	15 マーティン・ルーサー・キング・ジュニア・デー	16	17	18 My First Day! ジョギングを始めた日！	19	20 skiing スキー
21	22	23	24	25	26 My sister's birthday 妹の誕生日	27

その日にあった特別な出来事はラッキーデーとしてメモしておこう。

この本で学んだ日だよ。この日にしたいことも書いておくといいね。

何かをした最初の日を書こう。

My Calendar のヒント

zoo 動物園	**park** 公園	**movie** 映画
aquarium 水族館	**restaurant** レストラン	**skiing** スキー
shopping ショッピング	**amusement park** 遊園地	**library** 図書館

遊びや出かける予定なども，英語で書きこんでみよう！

Sunday	Monday	Tuesday	Wednesday	Thursday	Friday	Saturday

Let's think! の答え

11ページ

❶ Austria
❷ Bahamas
❸ United Arab Emirates

> ア）は，元日にウィーン・フィルハーモニー管弦楽団が行うコンサートだよ。世界各国にテレビ中継されるんだ。
> イ）はジャンカヌーとよばれるパレード。
> ウ）はアラブ首長国連邦を構成するドバイ首長国の花火だよ。

13ページ

❶ dog 犬
d o g

❷ book 本
b o o k

❸ cake ケーキ
c a k e

19ページ

（例）
❶ fish
❷ algae

など

23ページ

（例）
❶ music, talk show
❷ educational program, news, speech
❸ weather forecast, traffic information, disaster information, advertisement, news

など

> 番組を楽しく聞きながら情報を得ている場合もあるね。答えは1つとは限らないから，自由に考えてみよう。

25ページ

❶ 7000　❷ 840　❸ 3億
❹ 220　❺ 900

> 世界でいちばん多くの人に母語として話されているのは中国語，2番目はスペイン語だよ。日本語は，世界で9番目に話す人が多い言語だよ。英語は，話す人の人口は中国語，スペイン語に比べると少ないけれど，話されている国の数は世界でいちばん多いよ。

Take Action　行動できる地球市民になろう

　世界には数多くの国や地域があり，そこに住む人々は，それぞれ異なる言葉や文化をもっています。しかし私たちは，言葉や文化はちがっても「地球」という1つの星に生まれ，共に生きる仲間です。今，世界は，戦争や人口の増加，気候変動，環境問題や感染症など，解決しなければならない数多くの課題をかかえています。地球に生きる人間は，これらの課題に，協力し合い立ち向かっていかなければなりません。

　まずは世界の課題を自分のこととして考え，身近な暮らしの中から解決に向けた行動を起こしてみましょう。そして次に，世界の人々と，言葉や文化のちがいをこえて課題の解決のために協力し合いましょう。"Global Citizens（地球市民）"とは，そのように行動する人のことをいいます。一人ひとりが地球市民として行動し，地球というかけがえのない場所を守っていきましょう。

「ピックアップページ」関連書籍

1月1日　元日　10ページ
『世界のともだち』全36巻　偕成社　2013年〜2016年

1月4日　世界点字デー　12ページ
『調べる学習百科 ルイ・ブライユと点字をつくった人びと』
高橋昌巳監修　こどもくらぶ編　岩崎書店　2016年

『暗やみの中のきらめき 点字をつくったルイ・ブライユ』
マイヤリーサ・ディークマン著　古市真由美訳　森川百合香絵
汐文社　2013年

1月第3月曜日　マーティン・ルーサー・キング・ジュニア・デー　14ページ
『この人を見よ！ 歴史をつくった人びと伝26 マーティン・ルーサー・キング』　プロジェクト新・偉人伝著　ポプラ社　2010年

『ローザ』　ニッキ・ジョヴァンニ文　ブライアン・コリアー絵
さくまゆみこ訳　光村教育図書　2007年

2月2日　世界湿地の日　18ページ
『田んぼの生き物わくわく探検！ さがそう、あぜ道、草むら、水の中』
大澤啓志監修　飯村茂樹写真　岡崎務文　PHP研究所　2015年

『田んぼの植物なるほど発見！ 調べよう、草の生きのこり作戦』
星野義延監修　飯村茂樹写真　岡崎務文　PHP研究所　2015年

2月5日〜10日　リオのカーニバル　20ページ
『国際理解を深めよう！ 世界の祭り大図鑑 知らない文化・伝統・行事もいっぱい』　芳賀日出男監修　PHP研究所　2006年

2月13日　世界ラジオデー　22ページ
『職場体験完全ガイド47　舞台演出家・ラジオパーソナリティ・マジシャン・ダンサー』　ポプラ社　2016年

2月21日　国際母語デー　24ページ
『世界の文字と言葉入門』全16巻　町田和彦他監修　小峰書店
2004年〜2005年

3月8日　国際女性の日　28ページ
『なりたい自分になろう！ 人生を切りひらいた女性たち』全3巻
池内了・樋口恵子・伊藤節監修　教育画劇　2016年

『世界の女性問題』全3巻　関橋眞理著　汐文社　2014年

3月20日　国際幸福デー　30ページ
『世界でいちばん貧しい大統領のスピーチ』
くさばよしみ編　中川学絵　汐文社　2014年

3月21日　国際森林デー　32ページ
『マンガでわかる環境問題 みんなでめざそう循環型社会② 森が地球を守る〜森林の役割と生物多様性〜』　高月紘監修　中村大志画
学研　2009年

『森は生きている（新装版）』　富山和子作　大庭賢哉絵　講談社
2012年

3月21日　世界詩デー　34ページ
『地球歳時記』第1〜13巻　公益財団法人JAL財団編　ブロンズ新社　1991年〜2014年

3月22日　世界水の日　36ページ
『世界と日本の水問題』全5巻　橋本淳司著　文研出版　2010年〜2011年

『100年後の水を守る〜水ジャーナリストの20年〜』
橋本淳司著　文研出版　2015年

Teaching Guide
この本を指導にお使いになる方へ

トピックページについて

①子どもたちが興味をもったトピックについて，それがどのような日か，自由に想像しながら話し合うようにうながします。

②子どもたちが興味をもったトピックについて，図書館の本やインターネットなどを使って調べるようにうながします。

ピックアップページについて

● トピックの導入に使います。

どんな日？

①"What day is today？（今日はなんの日？）"あるいは，「○○の日ってどんな日だろう？」と，子どもたちに問いかけます。

②「この日について知っていることはあるかな？」と，子どもたちの知っていることを引き出します。

③「どんな日？」の文章を子どもたちといっしょに読みます。

Words & Expressions

①シロクマさんの言葉を使って子どもたちに問いかけ，答えを引き出します。子どもたちから出てくる答えは，日本語でもかまいません。

②挙げられている言葉や表現は，問いの答えです。子どもたちと声に出して読んでみましょう。

● トピックをテーマにした活動に使います。

Let's think!

①トピックについて考えるためのクイズや問いが示されています。ノートやふせんを使って，自由にアイデアを書くようにうながします。

②ペアになったりグループを作ったりして，アイデアを交流してもよいでしょう。

Let's act it out!

①子どもたちが自由なアイデアで作業できるようはげまします。

②成果物は掲示をしたり，それを使って友達や家族の前で発表する機会を設けたりするのもよいでしょう。

● トピックについての補足情報です。

More to know

①子どもに読むようにうながし，そこから想像できること，知りたいことなどを引き出します。

②興味をもったことがあれば，図書館の本やインターネットなどを使って調べるようにうながします。

子どもたちに，次のように英語で呼びかけてみましょう！

Let's say this in English.
これを英語で言ってみましょう。

It's OK to make mistakes.
まちがっても大丈夫。

Any questions？
何か質問は？

Make pairs（groups）.
ペア（グループ）になって。

Let's play a game.
ゲームをしましょう。

Repeat after me.
私のあとについてくり返して。

Any volunteer？
だれかやってくれるかな？

Raise your hand.
手を挙げて。

Look at this.
これを見て。

1月1日　元日　10ページ

Words & Expressions の問いに対するその他の回答例

pine and bamboo for the gate　門松
two round rice cakes　鏡もち
kite flying　たこあげ
New Year's gift　お年玉

外国の祝い方を学んだあとに，英語で年賀状を書いたり，新年の抱負を言い合ったりしてみましょう。

【年賀状に使える表現例】
Happy New Year.
新年おめでとう。
I wish you a very happy New Year.
すばらしい年でありますように。
This is my New Year's resolution!
これが私の新年の抱負です！

【新年の抱負の表現例】
I will be a steady learner.　こつこつ勉強します。
I will be kind to others.　人に親切にします。

1月4日　世界点字デー　12ページ

Words & Expressions の問いに対するその他の回答例

softness　やわらかさ／hardness　かたさ／
thinness　うすさ／thickness　厚さ／
sticky paste　べとつき

家の中や町の中の点字を探してみるのもいいですね。点字絵本や点字のついた容器などを手に取ったり，駅の券売機やエレベーターの階数ボタンのわきに示された点字を確認したりすることで，子どもたちの学びが深まります。また，点字の本がまだまだ少ない現状や，そこで活躍するボランティアの人々の取り組みなどにもふれて，点字をめぐる人々の努力や協力についても子どもたちの関心や理解を深めましょう。
その他，点字では筆算ができないので，そのための特殊なそろばんがあることや，点字を打つ「ブレイラー」という道具などを紹介することもできますね。

1月第3月曜日　マーティン・ルーサー・キング・ジュニア・デー　14ページ

Words & Expressions の問いに対するその他の回答例

body movement　身のこなし／mood　雰囲気／
eye　まなざし／body shape　体格

Let's think! の問いに対するその他の回答例

We learn.　私たちは学びます。
We regret.　私たちは後悔します。
We imagine.　私たちは想像します。
We sleep.　私たちはねむります。
We play.　私たちは遊びます。

こうした問いについて考えることで，子どもたちは，同じ人間なのだから，見かけなどのちがいで差別したりいじめたりするのはおかしいと気づくかもしれませんね。
More to know を読んだあとで，キング牧師のスピーチの全文を子どもたちといっしょに読んで，話し合ってみるのもよいでしょう。

2月2日　世界湿地の日　18ページ

Words & Expressions の問いに対するその他の回答例

plankton　プランクトン／floating plant　浮き草／
crocodile　クロコダイル（ワニの一種）／tortoise　リクガメ

ワニには，17，18ページで紹介したalligatorの他にcrocodileという種類もいます。また，turtleは主に水辺にすむカメを表し，リクガメのことはtortoiseと区別してよぶ場合もあります。

Let's think! の問いに対するその他の回答例

Turtles eat algae.　カメはモを食べます。
Fish eat fish.　魚は魚を食べます。

近くに湿地があれば実際に観察に行き，その場のfood webの図をかいてみるとよいでしょう。水辺に行くときは，必ず大人と行くように伝えましょう。なお，ラムサール条約では，沼沢地，湿原，泥炭地または陸水域，および水深が6メートル以上をこえない海域などを，湿地として定義しています。

2月5日～10日　リオのカーニバル　20ページ

Words & Expressions の問いに対するその他の回答例

secred portable shrine　みこし／
excitement　興奮／bustle　にぎわい／
food stall　屋台／visitors　観光客

Let's think! でそれぞれの国の祭りについてふれたら，ここで紹介された国々がどこにあるかを，表見返しの地図などで確認してみるのもよいでしょう。

Where is Brazil?　ブラジルはどこ？
- It's in South America.　南アメリカにあります。
Where is India?　インドはどこ？
- It's in Asia.　アジアにあります。
Where is Mali?　マリはどこ？
- It's in Africa.　アフリカにあります。

また，日本の祭りを海外の子どもたちに紹介するとしたら，どんな祭りを紹介したいかを話し合ってみましょう。

2月13日　世界ラジオデー　22ページ

Words & Expressions の問いに対するその他の回答例

drama　ドラマ
interview　インタビュー
baseball live broadcast　野球放送

Let's think! 答えは1つとは限りません。22ページに挙げた言葉の中からその言葉を選んだ理由を子どもたちにきいてみるのもいいですね。
また，ラジオとテレビを比較して，そのちがいを考えてみると，それぞれの特性やよさに気づくことができます。

Let's act it out! で使えるその他の表現例

We will clean Midori Park next Sunday.
Please join us !
次の日曜日にみどり公園を清掃します。
ぜひ参加してください！

2月21日　国際母語デー　24ページ

Words & Expressions の問いに対するその他の回答例

know　知る
report　知らせる
chat　おしゃべりする
teach　教える

多くの子どもたちにとって，他の国の言語事情や言語がほろんでいくという事実はなじみがないことでしょう。クイズや **More to know** をきっかけに，世界の言語について関心を向けさせ，調べ学習などにつなげていけるといいですね。
子どもたちの身の回りに母語の異なる人や友達がいたら，その言葉を紹介してもらうのもよいでしょう。その人にとってとても大切な言葉であることを確認したうえで，いくつかの表現を教えてもらい，実際に声に出してみましょう。

3月8日　国際女性の日　28ページ

Words & Expressions の問いに対するその他の回答例

queen　女王／king　王
princess　王女／prince　王子

Let's think! の問いに対するその他の回答例

It was not fair.
公平じゃなかったんだね。
I think it was very sad for them.
彼女たちにとって，とても悲しいことだったと思うな。
I'm glad. Things can be changed.
うれしいね。変えられるんだ。

Let's think! に挙げた以外にも，これまで女性が男性と同等には行えなかったことや，いまだに平等とはいえない状況が，世界にはたくさんあります。これを機会に，そのような世界の現実について深く学び，話し合ってみるのはどうでしょうか。その際は，性別に関わらず，全ての人が平等な社会をつくることが大切だということを，おさえておくことが重要です。

3月20日　国際幸福デー　30ページ

World & Expressions の問いに対するその他の回答例

sorry 残念な／excited 興奮した／fun 楽しい／
bored 退屈した／frustrated くやしい／
discouraged 気がくじけた／upset ショックを受けた

Let's think! の問いに対するその他の回答例

good news いい知らせ／money お金／sports 運動／
favorite TV program 好きなテレビ番組／flowers 花／
funny stories おもしろい物語／dream 夢

Let's act it out! で使えるその他の表現例

I take care of my little sister.
小さい妹の面倒を見ます。

I listen to my grandfather.
祖父の話を聞きます。

I visit my sick friend.
病気の友達のお見舞いに行きます。

3月21日　国際森林デー　32ページ

World & Expressions の問いに対するその他の回答例

nuts 木の実／berries ベリー／shade かげ／
soundproofing 防音／fuel 燃料

Let's think! の問いに対するその他の回答例

China gains a lot!
中国ではすごく増えているね。

Some countries lose a lot!
すごく減っている国があるね。

Japan doesn't change a lot!
日本はあまり変わらないね。

There are many countries in Africa and south America that are losing forests.
アフリカや南アメリカに、森林が減っている国が多いよ。

地図を読み取ったら、次のようなよびかけをして、その原因を調べるようにうながしましょう。これらの国々と日本の関わりも見えてくるかもしれません。

Let's find out the reasons. 原因を調べてみよう。

3月21日　世界詩デー　34ページ

World & Expressions の問いに対するその他の回答例

thoughtful 思慮深い／songlike 歌のような／
colorful 色彩豊かな／unique 独特な

Let's think! では、What are heavy? の詩を声に出して読み、英語のひびきやリズムを味わいましょう。そのうえで、声に出して感じたことや気づいたことなどを自由に話し合いましょう。

Let's act it out! で使えるその他の表現例

【heavy】my head ぼくの頭／regret 後悔／
responsibility 責任／my bag 私のかばん

【brief】note メモ／talk 話／message メッセージ／
length of a game 試合時間／spring vacation 春休み

【frail】dream 夢／life 命／rainbow にじ／
fireworks 花火／cherry blossoms 桜

【deep】sigh ため息／thought 思い／learning 学び／
secret 秘密／hole 穴／well 井戸

3月22日　世界水の日　36ページ

World & Expressions の問いに対するその他の回答例

take a shower シャワーをあびる／
fight a fire 消火する／wash a car 車を洗う／
water crops 作物に水をやる／play 遊ぶ

Let's think! の子どもたちの状況を想像してみましょう。そのうえで、水がなければどうなるかを英語で表現してみるのはどうでしょうか。**World & Expressions** に挙げた表現を下の例のように使うこともできますね。

Without water, 水がなければ、
I can't flush the toilet. トイレを流せないよ。
I can't cook. 料理できないよ。
I can't do the laundry. 洗濯できないよ。

ユニセフなどの国連の機関や関連団体などでは、世界の水事情についての書籍やビデオなどを公開しているところもあります。利用してみましょう。

Word List 言葉の一覧

この本に出てくる主な英語を「物の名前を表す言葉」「動作を表す言葉」「様子や性質を表す言葉」の3つに分類し，それぞれアルファベット順に並べています。

物の名前を表す言葉

英語	意味	ページ
advertisement	広告	22
age	年齢	14
alga(e)	モ	18
alligator(s)	ワニ	18, 19
aunt	おば	28
battledore	羽根つき	10
beaver	ビーバー	18
bed	ベッド	31
benefit(s)	得られるもの	32
boy	男の子	28
Braille	点字	13
brother	兄・弟	28
calendar(s)	暦	11
ceremony	儀式	20
clean water	きれいな（清潔な）水	32, 37
clothes	衣服	14
color	色	14
community center	コミュニティーセンター	23
concert	コンサート	11
coral	サンゴ	18
costume	衣装	20
country(ies)	国	33
dance	おどり	20
daughter	むすめ	28
dinner	夕食	31
disaster information	災害情報	22
disaster reduction	防災	32
dish(es)	食器	36
dragonfly	トンボ	18
dream	夢	15
drum(s)	たいこ	20
educational program	教育番組	22
equator	赤道	33
eye	目	14
face	顔	14, 36
facial expression	表情	14
family	家族	31
father	父	28
feast	ごちそう	20
feeling(s)	感情	30
female	女性	28
festival	祭り	20, 21, 23
festival float	山車	20
fire drill	消防訓練	23
firework(s)	花火	11, 20
fish	魚	18, 19
food	食べ物	19
food web	食物網	31, 37
friend(s)	友達	31
frog(s)	カエル	18, 19
fruit(s)	果物	32
fun	楽しみ	23
girl	女の子	28
grandfather	祖父	28
grandmother	祖母	28, 31
grasshopper(s)	バッタ	19
hair	かみの毛	14
hand(s)	手	36
height	身長	14
heron	サギ	18
husband	夫	28
information	情報	23
Japanese cards	カルタ	10
job(s)	仕事	32
kind	種類	30, 34
language(s)	言語	24, 25
learning	勉強	23
length	長さ	12
letter(s)	文字	12
lives	暮らし	37
male	男性	28
man	男性	28
mangrove	マングローブ	18
map	地図	33
material	材質	12
mental health	精神面における健康	32
mother	母	28
music	音楽	20, 22
name	名前	13
nature	自然	31
nephew	おい	28
news	ニュース	22, 23
New Year's card	年賀状	10
New Year's decorations	正月かざり	10
New Year's visit to a shrine	初もうで	10
niece	めい	28
ornament	かざり	20
oxygen	酸素	32
parade	パレード	11, 20
people	人々	14, 31
poem	詩	34, 35
postcard	はがき	31
posture	姿勢	14
pulp for paper	製紙用パルプ	32
radio	ラジオ	22
radio program	ラジオ番組	23
reed	アシ	18
rice cake	もち	10
roughness	でこぼこ	12
school	学校	29, 37
sex	性別	14
shape	形	12
sister	姉・妹	28
situation(s)	状況	25
size	大きさ	12
skin	はだ	14

smile 笑顔 31	connect つながる 19	think 考える, 思う 15, 24, 29
soccer サッカー 29	cook 料理する 36	understand 理解する 24
son 息子 28	cry 泣く 15	use 使う 36
speech スピーチ 22	do the laundry 洗濯する 36	visit 見に行く 21
study 勉強 31	draw （図を）かく 19	vote 投票する 29
talk show トークショー 22	dream 夢をえがく 15	want したいと思う 21
teeth 歯 36	drink 飲む 36	wash 洗う 36
temperature 温度 12	eat 食事をする, 食べる 15, 19	water plants 植物に水をやる 36
temperature control 気温の調整 32	express 表す 28	write 書く 13, 24, 35
texture 手ざわり 12	express oneself 自己表現する 24	
the first sunrise 初日の出 10	feel 感じる 12, 35	**様子や性質を表す言葉**
today 今日 23	flush the toilet トイレを流す 36	aloud 声に出して 35
touch さわること 12	gain 増える 33	angry おこって 30
traditional New Year dishes おせち料理 10	get 手に入れる 37	ashamed はずかしい 30
	go 行く 29, 37	cheerfully 元気よく 31
traffic information 交通情報 22	greet あいさつをする 31	creative 創造的な 34
tree(s) 木 32	have ～がある 15, 23, 30, 37	deep 深い 34
turtle(s) カメ 18, 19	hear 聞こえてくる 22	different 他の, ちがう 11, 14
uncle おじ 28	help 手伝う 31	disappointed がっかりした 30
vibration 振動 12	inform 知らせる 24	emotional 感情的な 34
water 水 31, 36	know 知る 25, 29	encouraged 勇気づけられた 30
weather forecast 天気予報 22	laugh 笑う 15	enough 十分な 37
wet しめり気 12	learn 学ぶ 23, 24	free 自由な 34
wetland(s) 湿地 18, 19	listen 聞く 23, 24	glad うれしい 29, 30
whistle(s) 笛 20	live 生きる, すむ 18	happy 幸せな 30, 31
wife 妻 28	look ～に見える 14	impressive 印象的な 34
wild duck 野ガモ 18	lose 減る 33	in common 同じように 15
wildlife habitat(s) 野生生物のすみか 32	love 愛する 15	local 地域の, 地元の 23
	make ～にする 14, 31	memorable 記憶に残る 34
woman 女性 28	mean 意味する 13	next 今度の 23
wood for furniture 家具用の木材 32	play プレイする 29	relieved ほっとした 30
word(s) 言葉 10, 28, 34	prepare 準備する 31	repetitive くり返しの 34
world 世界 25	read 読む 24, 35	rhyming 韻をふんでいる 34
	report 発信する 23	rhythmical リズミカルな 34
動作を表す言葉	send 送る 31	sad 悲しい 25, 29, 30
brush みがく 36	show わかる 33	satisfied 満足した 30
celebrate 祝う 11	speak 話す 24	short 短い 34
clean そうじする 36	stay healthy 健康を保つ 37	thankful 感謝して 30
collect 集める 10	take a bath 風呂に入る 36	warm 温かい 31
communicate 情報を伝え合う 24	talk 話す 15	worried 心配した 30

47

著者

町田淳子（まちだじゅんこ）

ベルワークス主宰，小学校テーマ別英語教育研究会(ESTEEM) 代表。2010年より白梅学園大学非常勤講師。共著書に『あそびながらおぼえる はじめて英語ランド』全5巻（金の星社），『小学校でやってみよう！ 英語で国際理解教育』全3巻（小学館），『小学校英語の授業プラン つくって調べる地球環境』（小学館），『小学校 テーマで学ぶ英語活動』BOOK1,2（三友社出版），『your world 英語テキスト』（子どもの未来社）などがある。

協力

加賀田哲也（かがたてつや）

大阪教育大学教授。光村図書中学校英語教科書『COLUMBUS 21』編集委員。専門は英語教育学。

〈国際母語デー〉八木橋宏勇（杏林大学）／公益社団法人北海道アイヌ協会／
William Wilson (University of Hawai'i at Hilo)／
松原好次（元電気通信大学）／NPO法人地球ことば村・世界言語博物館

装丁・デザイン●WILL（川島 梓）
表紙イラスト●寺山武士
本文イラスト●今井久恵
　　　　　　　石川元子／いわしまちあき／
　　　　　　　やまおかゆか
執筆協力●Heaven's Valley
　　　　　（森田 修）
英文校閲●Heaven's Valley
　　　　　（Malcolm Hendricks）
編集協力●WILL（片岡弘子，中越咲子，
　　　　　滝沢奈美，豊島杏実）
DTP●WILL（小林真美，新井麻衣子）
校正●村井みちよ

〈主な参考資料〉

Sing-Song : A Nursery Rhyme Book. George Routledge and Sons／『[対訳] マララ・ユスフザイ 国連演説&インタビュー集』（朝日出版社）／『フィンランド国語教科書 小学5年生』（経済界）／『暮らしの歳時記 365日「今日は何の日か？」事典』（講談社）／『きょうはこんな日 365』（国土社）／『ビジュアル版 世界言語百科―現用・危機・絶滅言語1000』（柊風舎）／『ビジュアル版 世界のお祭り百科』（柊風舎）／『この日何の日 1億人のための366日使える話のネタ本』（秀和システム）／『春夏秋冬を楽しむ くらし歳時記』（成美堂出版）／『すぐに役立つ 366日記念日事典 [改訂増補版]』（創元社）／『ヨーロッパ祝祭日の謎を解く』（創元社）／『アメリカを動かした演説―リンカーンからオバマまで―』（玉川大学出版部）／『家庭学習用 楽しく学ぶ 小学生の地図帳』（帝国書院）／『最新基本地図―世界・日本―[40訂版]』（帝国書院）／『記念日・祝日の事典』（東京堂出版）／『国際理解を深めよう！ 世界の祭り大図鑑 知らない文化・伝統・行事もいっぱい』（PHP研究所）／『話のネタ365日[五訂版] 今日は何の日』（PHP研究所）／『ビジュアル版 世界を動かした世界史有名人物事典 1000年―冒険家・発明家からアーティストまで』（PHP研究所）／『1年まるごと きょうはなんの日？』（文研出版）／『世界大百科事典』（平凡社）／『日本と世界の365日なんでも大事典』（ポプラ社）／『ポプラディア情報館 国際組織』（ポプラ社）／『イギリス7つのファンタジーをめぐる旅』（メディアファクトリー）／『詳説世界史 改訂版』（山川出版社）／『知っておきたい 日本の年中行事事典』（吉川弘文館）／『世界の国々と祝日―その国は何を祝っているのか―』（理論社）

「一般社団法人 日本生活習慣病予防協会」http://www.seikatsusyukanbyo.com/ 「外務省」http://www.mofa.go.jp/ 「環境省」http://www.env.go.jp/ 「公益財団法人 日本オリンピック委員会」http://www.joc.or.jp/ 「公益財団法人 日本関税協会」http://www.kanzei.or.jp/ 「公益財団法人 日本ユニセフ協会」http://www.unicef.or.jp/ 「公益社団法人 日本ユネスコ協会連盟」http://unesco.or.jp/ 「国際連合広報センター」http://www.unic.or.jp/ 「国土交通省」http://www.mlit.go.jp/index.html 「国立研究開発法人 宇宙航空研究開発機構（JAXA）」http://www.jaxa.jp/index_j.html 「社会福祉法人 岡山県視覚障害者協会」http://www.ossk-33.jp/index.html 「総務省統計局」http://www.stat.go.jp/index.htm 「独立行政法人 国際協力機構（JICA）」http://www.jica.go.jp/ 「独立行政法人 日本貿易振興機構（JETRO）」https://www.jetro.go.jp/ 「日本点字委員会」http://www.braille.jp/about/ 「山口県立山口図書館」https://library.pref.yamaguchi.lg.jp/ 「Council of Europe」http://www.coe.int/en/web/portal/home 「Ethnologue」https://www.ethnologue.com/ 「Food and Agriculture Organization of the United Nations」http://www.fao.org/home/en/ 「United Nations」http://www.un.org/ 「United Nations Children's Fund」http://www.unicef.org/ 「United Nations Educational, Scientific and Cultural Organization」http://en.unesco.org/ 「United Nations Environment Programme」http://www.unep.org/ 「United Nations Office for Disaster Risk Reduction」http://www.unisdr.org/ 「World Health Organization」http://www.who.int/en/

その他，各国大使館，各国政府観光局，ならびに関係する諸団体のウェブサイトを参考にしました。

〈写真〉
アマナイメージズ／iStockphoto／photolibrary／PIXTA／PPS通信社／shutterstock

英語で学び，考える　今日は何の日 around the world
世界のトピック　1月 2月 3月

2016年11月7日　第1刷発行

著　者　町田淳子
発行者　時枝良次
発行所　光村教育図書株式会社
　　　　〒141-0031　東京都品川区西五反田2-27-4
　　　　TEL 03-3779-0581（代表）
　　　　FAX 03-3779-0266
　　　　http://www.mitsumura-kyouiku.co.jp/
印　刷　三美印刷株式会社
製　本　株式会社 難波製本

ISBN978-4-89572-957-4 C8082 NDC830
48p　27×22cm

Published by Mitsumura Educational Co.,Ltd.Tokyo, Japan

本書の無断複写（コピー）は，著作権法上での例外を除き禁止されています。

落丁本・乱丁本は，お手数ながら小社製作部宛てにお送りください。送料は小社負担にてお取替えいたします。

Useful English Expressions
役立つ英語表現

自己紹介

Hi, I'm James.
やあ，ぼくはジェームズです。

I'm from Australia.
オーストラリアから来ました。

Nice to meet you.
初めまして。

Call me Jim.
ジムと呼んでね。

Hello.
こんにちは。

My name is Rika.
私の名前はりかです。

I like playing soccer.
サッカーをするのが好きです。

Great to meet you.
よろしくお願いします。

あいさつ

Good morning.
おはよう。

Good afternoon.
こんにちは。

Good evening.
こんばんは。

How are you?
お元気ですか？

Fine, thank you.
はい，ありがとう。

How have you been?
どうしてた？

Good!
元気だったよ！

Have a nice day!
よい一日を！

Good to see you.
会えてうれしいね。

Bye!
さようなら！

See you!
またね！

Take care!
体に気をつけてね！

Nice meeting you.
会えてよかった。

I had a good time.
楽しかった。

Good night.
おやすみなさい。

英語で学び，考える **今日は何の日 around the world** 全4巻